Dir gewidmet.

Gedichte

von der Sonnenseite

Dr. rer. pol. Dr. med. David S. Weis

Basel, im Juli 2020

Impressum

Bibliografische Information der Deutschen Nationalbibliothek:
Die Deutsche Nationalbibliothek verzeichnet diese Publikation
in der Deutschen Nationalbibliografie; detaillierte bibliografi-
sche Daten sind im Internet über http://dnb.dnb.de abrufbar.

© 2020 Dr. rer. pol. Dr. med. David S. Weis

Lektorat: Karoline Krüger, Tim Schütze

Herstellung und Verlag:
BoD – Books on Demand, Norderstedt

ISBN: 9783750493261

Inhalt

Vorworte der Sonnenseiten

„Ein Mensch muss bei seinem Tod etwas dalassen, sagte mein Großvater. Ein Kind oder ein Buch oder ein Bild, ein Haus oder wenigstens eine Mauer, die er gebaut, oder ein Paar Schuhe, das er geschustert, oder einen Garten den er angelegt hat. Irgend etwas, das deine Hand anrührte, so dass deine Seele eine Bleibe hat, wenn du stirbst, und wenn die Leute den Baum oder die Blume, die du gepflanzt hast, anschauen, dann bist du da. Ganz gleich, was man tut, meinte er, solange man etwas von seinem eigenen Wesen in irgend etwas hineinsteckt."

Ray Bradbury, Fahrenheit 451

Die mit euch verbrachte Zeit war prägend, wohltuend, öffnend, erhellend und wird mir immer in guter Erinnerung bleiben. Nun kommt eine Zeit, in der ich an einen anderen Ort gehe. Deswegen, wie oben angeregt, möchte ich euch etwas von mir dalassen. Etwas, das meine Seele anrührte, so dass meine Hand etwas schreiben konnte. Ich hoffe, ihr habt Freude an meinen Zeilen. Viel Spaß beim Lesen.

Verschollen

Verschollen, ihr Zeilen, die ihr zu mir kamt
als kein Papier und Stift zur Hand.

Als Geistesblitze mich durchwitzten,
und Zeilen fröhlich Strophen woben,
als Velomuskeln Hirn stibitzten,
um Schönheit rundherum zu loben,

da wart ihr bei mir - nah und warm,
da konnt´ ich lachen ohne Scham.
Nun seid ihr von mir – andernorts.
Kein Wort mehr bleibt für mich als Hort.

***

Tränen rinnen am Sternum empor,
den Hals erklimmen sie leicht strangulierend,
füllen Nase und Augen – zum Bersten gefüllt –
um auszukleiden den leeren Platz eurer Zeilen.

***

Mag andernorts ein off´ner Geist

von euren Scherzen profitieren.

Geht Eins, kommt´s And´re, so ist es meist.

Euch sei gewidmet: dies´ Sinnieren.

Gedenken

Im Gedenken an alle verschollenen Gedichte bleibt diese Seite leer.

Herbstgedichte

Müder Anfang

Heute (21.10.2019) war der erste Morgen, an dem auf dem Weg zur Arbeit kein Sonnenlicht mehr zu sehen war. Kurz vor Riehen fiel mir beim Anblick der Hügel und Wiesen – Zeile für Zeile – ein kleines (mein erstes) Gedicht ein:

Grau verhangen ist das Tal,

schwarz liegt vord´re Hügelkette.

Wiese sucht ihr Tagesgrün.

Ich wünschte, ich läg´ im Bette.

Mondtau

Dunkle Wolken.

Himmelblau.

Sichelmond grüßt

Morgentau.

Wintergedichte

Winterzeit

Winterzeit zeigt Menschenlichter –

Häuser, Lampen, Kraftgefährt.

Wenn die Tage heller werden,

leuchtet wieder Himmels Herz.

Blauer Himmel.

Brauner Rauch.

Menschenskinder,

welch Verbrauch!

Weite Wiesen.

Hohe Hügel.

Mutter Natur so wunderbar.

Vater Himmel,

bitte leuchte,

über uns für immerda.

Fahrt zur Sonnenhalde

Morgenrosastreifen

überm lila Fluss.

Silberstreifen reifen

Gott und uns zum Gruß.

Rosa ist des Himmels Decke.

Nebel deckt die Wiese zu.

Einzeln leuchten Menschenlichter.

Alles and´re liegt in Ruh´.

Feuerkugel nicht zu seh´n.

Kugelberg´ im Wege steh´n.

Flammenzungen, dem zum Trotz,

überwinden Bergesklotz.

Das Dunkel weicht, der Tag bricht an.

Menschenwerk wird bald getan.

Achtsamkeit, begleite mich,

auch bei Basler Tageslicht.

Die grauen
          Wolken entfernen
Und doch   die Sonne nicht
          nehmen sie das
                    Licht
                    das Seele und Geist
                              erhellt

Sonnensuche

                              zu jeder Zeit.
                    und Lebensfreude
          schenkt Wärme
Liebe
                                        trägt !
                    in seinem Herzen
          der die Sonne
Wohl dem

          einfach

mach die augen zu
          und denk
          ans meer
wenn du fliegst

Frühlingsgedichte

Frühling in Basel

Die Schlehen stehen in voller Pracht.

Die Kirschen blühen mannigfach.

Narzissen läuten Ostern her.

Forsythien machen´s Dichten schwer.

Banal normal

Es scheint banal normal,

schon nach dem dritten Mal:

Der erstgehauchte Sonnenstrahl

des Tages,

auf rosa aufgespreizter Blütenpracht.

Ade, ihr bleibt

Geh´n die Blüten, weint man –

trauert um verpasste Chancen.

Wohl dem, der die Bilder Gottes

tief in seinem Herzen trägt.

Gott in der Natur

– Gedenken an eine verschollene Strophe –

Wiese findet Tagesgrün.

Andernorts viel Blumen blüh´n.

Hell leuchtet der Himmelsstern –

wärmt die Wiesen nah und fern.

Mahnend hebt sich Kritikers Hand:

„Der Herr erschuf viel mehr als Tand!"

„Arm", entgegne ich ihm nur,

„wer Gott nicht sieht in der Natur."

Frühlingsliebe

Alte Häuser,

frische Liebe,

und ein Sonnenuntergang.

Glocken klingen,

uns´re Seelen,

leicht wie Licht und Klang.

Sommergedichte

Gold-buntes Sommersatt

Das satte Grün der Wiese,

durchwoben von goldenem Hauch.

Die Gräser glitzern leise.

Der Klee blüht purpurn auf.

Naturglück

Die Sichel des Mondes schneidet duftschwere Luft.

Das Goldgelb des Abends die Welt „göttlich" ruft.

Das Dunkel des Waldes hüllt Grün sachte ein.

Der Arbeit genüge fahr´ ich glücklich heim.

Kunterbunt

Ferien

Lieblichkeit, die Alltag öde macht.

Nie kann die Sinnhaftigkeit

fremdsorganisierter Arbeit

ersetzen die Erfüllung

freier Erkenntnis

im Kreis trauter Menschen.

Weiß

Das Gras ist weiß.

Die Sonne auch.

Die Täler hauchen...

weißen Hauch.

Ihr lieben Freunde,

– „Ob ihr´s wohl wisst?",

so frag ich mich. –

Weis bin ich auch☺

Stadt in Schönheit

Selbstsunken die Augen ins Buch vertieft.

Die ratternde Bahn birgt lebende Lichter.

Menschen sind schön, wenn das Leben blüht.

Selbst im Betongewand zermürbender Städte.

Letztlich vergänglich

Einsame Seifenblase,

in nasskalter Baselgasse.

Fliegt zu Boden☹

und wieder nach oben!

Umspielt trotzend den Strauch☺

Und vergeht – sanft, durch Hauch.

Plötzlich

Gefahr!

Ein Flug.

Die Rolle im Abgrund.

Und wieder im Stehen.

Herausforderungen des Lebens

Wie schön es ist vertrauen zu können,

den Fähigkeiten, die das Leben trainiert.

Wer sich niemals verschließt

darf stetig wachsen –

so wie Feuer

durch hingeworfene Scheite wächst.

Resümee

Als Geistesblitze mich durchwitzten,

und Zeilen fröhlich Strophen woben,

– Ich wünschte nicht, ich läg´ im Bette. –

als Morgenrosastreifen und Silberstreifen reiften

den erstgehauchte Sonnenstrahl des Tages,

da wart ihr bei mir - nah und warm.

Wie schön es ist vertrauen zu können.

Der Arbeit genüge fahr´ ich glücklich heim.

Nachworte der Sonnenseiten

„ `Was ich hasse´, pflegte er zu sagen, `ist ein Römer namens Status Quo. Staunt euch die Augen aus dem Kopf´, sagte er jeweils, `lebt, als hättet ihr nur noch zehn Sekunden zu leben. Seht euch die Welt an. Sie ist phantastischer als irgend ein fabrikmäßig hergestellter Traum.´ "

Ray Bradbury, Fahrenheit 451

Dieser kleine Gedichtband ist ein erster Entwurf. Eine erste Auflage. Der aktuelle Status Quo. Es würde mich freuen, wenn ich mit diesem Band andere Kolleg*innen animieren könnte, ihre tollen Gedichte zu veröffentlichen. Ganz besonders möchte ich an das Gedicht von Dr. med. Elisabeth Lange erinnern, mit dem sie der 2020 erfrorenen Blütenpracht der Sonnenhalde-Magnolie ein bleibendes Denkmal gesetzt hat. Auch von anderen Kolleg*innen weiß ich, dass sie zumindest in ihrer Jugend Gedichte geschrieben haben. Denjenigen, die es noch nicht tun, sei das Dichten empfohlen. Ich freue mich auf eine vielleicht bald erscheinende zweite Auflage gemeinsam mit euch.

Ich wünsche euch viele erstaunliche Einblicke in unsere phantastische Welt.

Bis wir uns wieder sehen, halte Gott euch fest in seiner Hand und führ´, wenn es sein kann, wieder uns zusammen.

Euer

David

Dr. rer. pol. Dr. med.
David Sebastian Weis
david.weis@mail.de

Platz für deine Gedichte:

Antwortgedicht meines Freundes und Lektors Tim Schütze:

Morgenrosastreifen? Nein.

Heute ist es grau.

Düster ist der Himmel,

statt marineblau.

Einen lila Fluss,

den ha´m wir auch nicht hier;

dafür aber

Nord- und Ostsee vor der Tür☺